图说

吴地文化三千年

徐静 撰文

邱中巍 马路 绘图

中国·苏州

古吴轩出版社

图书在版编目（CIP）数据

图说吴地文化三千年 / 徐静撰文；邱中巍，马路绘图. — 苏州：古吴轩出版社，2018.12
ISBN 978-7-5546-1298-9

Ⅰ. ①图… Ⅱ. ①徐… ②邱… ③马… Ⅲ. ①吴文化—文化史—古代—图解 Ⅳ. ① K295-64

中国版本图书馆CIP数据核字（2018）第284501号

题　　签：朱树民
画　　跋：刘　丹
责任编辑：洪　芳
见习编辑：吕丽静
装帧设计：杨　洁
责任校对：俞　都　王　芳
责任照排：杨　洁

书　　名：图说吴地文化三千年
撰　　者：徐　静
绘　　者：邱中巍　马　路
出版发行：古吴轩出版社
地址：苏州市十梓街458号　　邮编：215006
Http://www.guwuxuancbs.com　　E-mail：gwxcbs@126.com
电话：0512-65233679　　传真：0512-65220750
出 版 人：钱经纬
印　　刷：苏州市越洋印刷有限公司
开　　本：880×1230　1/32
印　　张：4.75
版　　次：2018年12月第1版　第1次印刷
书　　号：ISBN 978-7-5546-1298-9
定　　价：68.00元

序

深秋时节，苏州市职业大学吴文化研究院又奉献出原创作品《图说吴地文化三千年》，这是我校积极响应苏州市委“四个名城”建设号召、重视地域文化研究传承与创新的又一成果，可喜可贺！

党的十九大报告指出，“中国特色社会主义文化，源自于中华民族五千多年文明历史所孕育的中华优秀传统文化”，要坚定文化自信，“推动中华优秀传统文化创造性转化、创新性发展”。吴文化是中华优秀传统文化的重要组成部分，历史悠久，底蕴深厚，博大精深。吴地优秀的传统文化所沉淀和凝聚的价值观念、人文精神、道德理想、审美情趣，体现着吴人精神活动的广度和深度。进入新时代，在促进社会主义文化繁荣兴盛，弘扬和践行社会主义核心价值观的背景下，如何阐释吴地文化的当代价值和时代精神？如何创新呈现方式？如何创新传承形式？《图说吴地文化三千年》做出了有益的尝试。

《图说吴地文化三千年》是一幅宏伟的吴地历史文化长卷。从泰伯、仲雍兄弟南奔创建吴国，到当代“苏州精神”十六字，本书紧扣商末至今吴地文化三千年历史中的关键节点，按时间线索，突出名人名作名胜，突出重大历史事件，全书内容包括六十余名历史名人、四十余件重大事件、三十余部文献名著、二十多个文化遗产点（项目），生动再现了具有三千年历史的吴地文化精华。以史鉴今，启迪后人。本书特别注重思想的提炼和精神的传承，以经典人物为关键，展示出吴地先贤的尚德精神、理想信念、爱国情怀、包容胸襟、奉献品格。

《图说吴地文化三千年》是一幅绚丽的姑苏繁华图。苏州是吴文化的重要发源地，是历史形成的吴文化中心。本书重点描绘了苏州的政治、历史、经济、教育、科技、文学、戏曲、书画、工艺、园林等门类的特色风貌，展示出姑苏名城人文荟萃、经济繁荣、文化兴盛、教育兴旺的繁盛景象，全方位铺展开一幅异彩纷呈、精致典雅的姑苏繁华图，讲述精彩的苏州故事，传递苏州精神的正能量，彰显苏州名城的独特魅力。

《图说吴地文化三千年》是一幅原创性艺术作品。本书以《吴地文化三千年》手绘长卷为基础，辅以简洁精练的语言，以图文互动的形式来阐释传承吴文化精髓，形式创新，别具一格。彩图长卷，以名人名作、名胜古迹为主线，布局精妙严谨，突显吴门画派格调，色彩典雅，笔触细致，人物活灵活现、栩栩如生。全书通俗易懂，生动有趣，可读性、观赏性、艺术性兼备。令人倍感欣慰和自豪的是，本书主创人员为我校同仁。从策划、构思、撰文、绘图到题签、画跋的书写，主要由我校教师通力合作完成。

文化的力量是巨大的。作为一所苏州地方高校，苏州市职业大学承载着弘扬本地域优秀传统文化的责任和使命。多年来，我校吴文化研究团队出版过系列吴文化研究专著，诸如《吴文化概说》《苏州城墙》《苏州水城》《精致苏州与工匠精神》等。《图说吴地文化三千年》深挖吴文化宝藏，活化吴文化资源，创新吴地优秀传统文化传承形式，是该研究团队服务地方文化建设的又一重要成果，是我校积极参与苏州“四个名城”建设中一件很有意义的事情。

真切期望《图说吴地文化三千年》成为一幅吴地历史文化的导游图，引导读者走进吴地，走进苏州，感受吴文化的魅力！

是为序。

钮雪林

二〇一八年十一月

（本序作者为《图说吴地文化三千年》编委会主任、苏州市职业大学党委书记）

寒

目　录

第二篇　秦汉六朝

第三篇　隋唐宋元

第四篇　明清近代

第一单元 【经济繁荣】

第二单元 【文化兴盛】

徐扬《姑苏繁华图》

三元坊
纪念钱棨
连中解元会元状元
三元坊

吴地文化三千年

第一篇　春秋战国

1. 泰伯南奔

吴文化的产生源于约三千一百年前泰伯、仲雍兄弟的南奔。

泰伯，姬姓，商末岐山周部落首领古公亶父（西周初被封为周太王）长子。古公亶父欲立幼子季历，泰伯与弟仲雍让位南奔，定居于江南太湖流域。在获得当地土著居民的认同和拥戴后，泰伯、仲雍兄弟在江南地区创建了勾吴小国。在这一被后世称为“吴”的地理平台上，中原周文化与江南土著文化进行了最初的融合，吴文化由此诞生。泰伯谦让天下、品德高尚，开发江南、功德无量，千百年来一直为后人所敬仰。孔子赞叹：“泰伯，其可谓至德也已矣。”

2. 周章受封

泰伯建立的勾吴国，传至第五世君主周章时，周武王伐纣灭了商朝，建立周朝。分封诸侯时，周武王派人寻找当年让位南奔的泰伯和仲雍的后代，得知仲雍的曾孙周章已任吴国君主，便正式册封周章为吴君，封为伯爵，列入诸侯。周章被封意义重大：一是在行政上，远在南方偏僻一隅的吴国正式纳入了西周朝廷的行政范畴；二是在宗法上，表明了泰伯、仲雍南奔的这一支姬姓周人支脉重新认祖归宗。

3. 寿梦称王

寿梦，春秋时期吴国第十九世君主。其即位便有强国梦想，励精图治，发愤图强。采取的措施是改革开放，重用人才。在位二十五年间，参与中原诸国盟会，使吴地社会稳定、经济繁荣，奠定了吴国强盛的基础。《史记》载曰："寿梦立而吴始益大，称王。"公元前585年，寿梦正式称王，这是吴国有确切纪年的开始，具有里程碑意义。

4. 伍子胥筑阖闾大城

伍子胥，名员，字子胥，春秋时楚国人。因父兄被楚平王冤杀而投奔吴国，成为吴王阖闾重臣。阖闾元年（前514），伍子胥受命筑造吴都阖闾大城。伍子胥筑城十分讲究，观测土地，探测水文，仿照上天，效法大地，理水为河，垒土为墙，开设水陆城门各八座，分别是阊、胥、盘、蛇、娄、匠、平、齐。伍子胥所筑阖闾大城即今日苏州古城，北近长江，西依太湖，据三江五湖之险，水陆交通方便，开创了中国历史上第一座规划周密的水城模式。

5. 孙武与《孙子兵法》

孙武，字长卿，春秋时齐国人。因避齐国内乱来到吴国隐居，写下著名的十三篇兵法即《孙子兵法》，被后人尊称为孙子、兵圣、百世兵家之师、东方兵学鼻祖。因伍子胥举荐，吴王阖闾拜孙武为将军。孙武练兵，三令五申斩二姬，令行禁止，执法严明；领兵打仗，战无不胜。吴国西破强楚，北威齐晋，显名诸侯，孙武功不可没。

6. 阖闾称霸

阖闾，姓姬，名光，吴国第二十四世君主，在位十九年。阖闾是春秋时期吴国争霸过程中功勋最大的君王，与齐桓公、晋文公、楚庄王以及越王勾践并称为“春秋五霸”。阖闾有强国梦想，有宽阔胸怀，即位后励精图治，发愤图强，在谋臣伍子胥的协助下，任贤使能，广纳天下名士，发展经济、军事，使吴国的政治、经济和军事力量日益强大。阖闾九年（前506），吴王阖闾率师伐楚，在柏举之战大败楚军，攻入楚国都郢。吴国西破强楚，北威齐晋，南慑越人，霸气冲天，成为雄踞一方的强盛国家。

7. 干将铸剑

干将，春秋时吴国铸剑名匠。在匠门，与其妻莫邪为吴王阖闾铸剑，不畏劳苦，舍身忘我，从原材料到冶炼工艺，均追求完美，精益求精，将工匠精神发挥到极致，达到出神入化的境界，最终铸成一阳一阴两把宝剑。阳剑名“干将”，阴剑名“莫邪”。春秋时期，吴国兵器独步天下，达到列国尖端水平。

8. 馆娃宫

馆娃宫位于苏州吴中区的灵岩山上，春秋时吴王夫差为宠姬西施而兴建。公元前494年，吴王夫差于夫椒之战打败越军，越王勾践进贡珍贵物品和美女取悦夫差。越王献来的西施貌美如花，夫差十分宠爱，特地为她在灵岩山上兴建离宫。馆娃宫可谓中国历史上一座早期诸侯王室园林，楼阁玲珑，金碧辉煌。至今，灵岩山尚存不少馆娃宫遗迹，包括吴王井、梳妆台、玩花池、玩月池、响屧廊、琴台、西施洞等，引人探访追思。

9.“南方夫子”言偃

吴地的教育，历史悠久。早在春秋时期，言偃远赴鲁国向孔子求学，首开东南向学之风。言偃（前506—前443），字子游，吴国人，列于孔门文学之科。他勤恳好学，深得孔子的赞赏，为孔门七十二贤弟子中唯一的南方弟子。言偃言传身教，对东南文化的发展以及社会风气的转变均起到积极作用，后人尊称他为“南方夫子”。

10. 春申君黄歇治吴

春申君黄歇，战国时期楚国贵族，著名的政治家、军事家。黄歇游学博闻，能言善辩，礼贤下士，广招宾客，与魏国信陵君魏无忌、赵国平原君赵胜、齐国孟尝君田文并称为“战国四公子”。楚考烈王元年（前262），楚王以黄歇为相，封其为春申君。楚考烈王十五年（前248），黄歇徙封于吴，以吴国故都为都邑。黄歇一方面着力营建吴国故都，不仅修建城宫府舍，而且建造粮仓“吴市”；另一方面兴修水利，开辟道路，开垦耕地，发展生产，繁荣经济，为战国时期吴地的复兴做出贡献，受到民众爱戴。

春秋战国

泰伯南奔
创建勾吴
吴文化诞生

周章受封
秦伯

寿梦称王

伍子胥筑阖闾大城
吴

阖闾称霸
《孙子兵法》

铸剑
干将
莫邪
吴

『南方夫子』言偃
馆娃宫
西施

春申君黄歇治吴

吴地文化三千年

第二篇　秦汉六朝

1. 秦设吴县为会稽郡治

秦王政二十六年（前221），秦统一全国后，全面推行郡县制。上年（前222），秦灭楚后，在原江南吴越故地，设立会稽郡；在原吴国故都首设吴县，作为会稽郡治。吴县因此成为江南地区的行政中心。

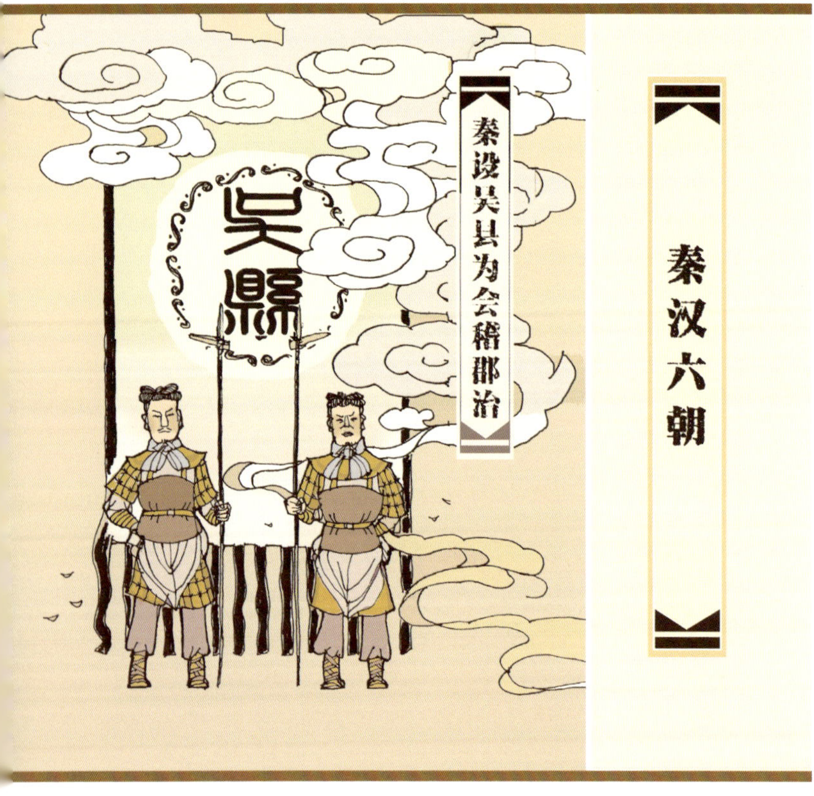

2. 项羽起兵吴中

项羽，名籍，字羽，秦末下相（今江苏宿迁）人，楚国名将项燕之孙。因躲避仇家，项羽与叔父项梁一起逃到吴中，得到吴中子弟的拥戴。秦二世元年（前209）七月，项羽随项梁在吴中响应陈胜、吴广起义，杀会稽郡守，接收会稽郡所辖各县，得精兵八千，起兵反秦，吹响了灭秦的号角。

3. 苦读成才朱买臣

朱买臣，字翁子，西汉吴县（今苏州）人。家住穹窿山下，生活贫困，酷爱读书。每天上山砍柴时负薪读书，背着柴边走边看书。五十岁时，朱买臣由友人推荐，得以晋见汉武帝，因博学多才得到皇帝赏识，成为汉武帝的文学侍从之臣，后成为会稽太守。至今吴中穹窿山上仍留有朱买臣读书台，给后人以苦学成才的启示。

4. 陆绩与“廉石”

陆绩，字公纪，吴郡吴县（今苏州）人。东汉末年著名学者，在研究天文历法与《周易》《太玄》等方面，具有很高的学术水平。陆绩曾任郁林（今广西玉林）太守，为官廉洁。任满回乡，由海道坐船，无载船轻，取大石镇舟。后人称此石为“廉石”。

5. 三国吴兴之地

三国时期孙吴政权与吴郡密切相关。孙氏起于今浙江富春，为当时吴郡所辖，吴县为吴郡首邑，被孙氏视为桑梓之地。孙吴政权草创时期还曾以今苏州城为政治中心十多年，并从这里逐渐强大。不少当地出生的文臣武将成为孙吴政权的支柱，可谓决定孙吴兴亡的重要力量。

6. 报恩寺与报恩寺塔

报恩寺是苏州最古老的佛寺，始建于三国吴赤乌年间，相传是孙权母亲吴太夫人舍宅而建，古称通玄寺；五代后周显德年间重建，易名为报恩寺。报恩寺塔俗称北寺塔，宏伟壮观，被誉为“江南第一塔”，相传始建于三国吴，南朝梁代建有十一层塔，后毁；南宋绍兴年间，改建成八面九层宝塔。

7. “太康之英”陆机

陆机，字士衡，吴郡吴县华亭（今上海市松江区）人，与其弟陆云合称“二陆”。曾历任平原内史、祭酒、著作郎等职，世称“陆平原”。少有奇才，文章冠世，被誉为“太康之英”，与陆云俱为西晋时期著名文学家。所著《文赋》是中国文学理论发展史上第一篇系统的创作论，对后世的文学创作和理论发展产生重要影响，具有开创性。

8. “达士楷模”张翰

张翰，字季鹰，吴郡吴县（今苏州）人。博学多才，善作诗赋，为西晋著名的文学家。虽然在京城洛阳做官颇受重用，却能审时度势，为避“八王之乱”，托言“莼鲈之思”而弃官还乡隐居，被誉为“达士楷模”。

9. 顾野王与《玉篇》

顾野王，字希冯，吴郡吴县（今苏州）人。南朝陈代官至光禄卿。文字训诂学家、史学家。著作繁富，在历史、地理、文学、书法、绘画诸方面均有很高造诣，尤以语言文字学成就最为突出。所著《玉篇》三十卷，是继东汉许慎《说文解字》之后的一部重要字典，也是我国现存最早的楷书字典。

10. “吴中第一名胜”虎丘

虎丘位于苏州阊门外西北方向，素有“吴中第一名胜”美誉，自然风景优美，名胜古迹众多。这里有剑池、千人石、虎丘寺、虎丘塔等诸多古迹名胜。东晋时，司徒王珣及其弟司空王珉各自在山中营建别墅。因佛教兴盛，兄弟俩便舍宅建虎丘东、西二寺，因此，虎丘逐渐成为吴地重要的佛教圣地。晋末宋初，著名高僧竺道生来到虎丘山寺传经布道，留下生公讲坛等经典古迹。2014年，作为中国大运河苏州段遗产点，虎丘云岩寺塔被列入世界文化遗产名录。

秦汉六朝

苦读成才朱买臣

三国吴兴之地

陆绩与『廉石』

报恩寺与报恩寺塔
孙权

『达士楷模』张翰
『太康之英』陆机

『吴中第一名胜』虎丘
顾野王

吴地文化三千年

第三篇　隋唐宋元

1. 苏州名称来源

隋文帝开皇九年（589），隋平定江南后，以城西郊有姑苏山而改吴州为苏州，这是苏州名称的第一次出现，沿用至今。

2. 大运河苏州段

因江南逐渐成为经济重心，隋炀帝于大业元年至六年（605—610），开凿一条北起涿郡（今北京一带）、南到余杭（今属杭州）的大运河，以促进南北之间经济文化的交流与发展。其中，自京口（今镇江）至余杭一段称江南河。苏州境内的大运河，地处江南河的中段，自望亭至苏浙交界的鸭子坝，全长八十二公里，在交通运输中起着重要的连接作用。

3.“草圣”张旭

张旭，字伯高，吴县（今苏州）人。唐代书法家。初仕为常熟尉，后为金吾长史。工书，尤以草书闻名。其字逸势奇状，连绵回绕，笔势雄健。往往大醉后，呼叫狂走，下笔如神。被誉为“草圣”。

4. 姑苏诗太守

白居易《送刘郎中赴任苏州》诗曰："何似姑苏诗太守，吟诗相继有三人。"唐朝中期三位著名诗人韦应物、白居易、刘禹锡曾先后出任苏州刺史，成为苏州史上一段佳话。三位姑苏诗太守热爱苏州，歌咏苏州，留下许多名篇佳作，为古城增添光彩，扩大了苏州的影响力。

5.《枫桥夜泊》与寒山寺

枫桥地跨江南运河，是苏州西北部的一个门户。枫桥边上有座寒山寺，始建于南朝梁天监年间。中唐诗人张继的《枫桥夜泊》诗云：“月落乌啼霜满天，江枫渔火对愁眠。姑苏城外寒山寺，夜半钟声到客船。”此诗语言优美，意境深远，千百年来脍炙人口，历久不衰。这首千古绝唱使得原本平常的枫桥、寒山寺名闻遐迩、名传千古。

6. 范仲淹治苏

范仲淹，字希文，吴县（今苏州）人。宋仁宗景祐元年（1034），范仲淹出任苏州知州。在任期间，他十分注重兴修水利和发展教育。在今文庙创办州学，聘请名师胡瑗主讲。下属各县也纷纷办起县学，形成尊师重教的良好风气。范仲淹倡导“先天下之忧而忧，后天下之乐而乐”，这一崇高思想成为中国传统文化的精髓，影响深远。

7. 苏舜钦与沧浪亭

苏舜钦，字子美，北宋著名文学家。曾任县令、大理评事、集贤殿校理、监进奏院等职。因支持范仲淹的“庆历新政”，为守旧派所忌恨，故遭人陷害，被革职为民。庆历五年（1045）春，苏舜钦南下来苏，建造沧浪亭，并自号“沧浪翁”。苏舜钦无罪被贬，便以沧浪亭为归隐之地。从沧浪亭开始，苏州私家园林的主题便是归隐。

8. 沈括与《梦溪笔谈》

沈括，字存中，原籍杭州，曾寄住苏州，入籍吴县（今苏州）。历任翰林学士、鄜延经略使等职。沈括是北宋卓越的科学家，博学善文，天文、方志、律历、医药、音乐等无所不通。一生著作达三十多种。晚年作《梦溪笔谈》（加上《补笔谈》《续笔谈》共三十卷），这是中国古代科技史上重要的著作之一。

9.《天文图》

苏州《天文图》，南宋时期所刻，是世上现存最早的、星数最多的石刻天文图，反映了宋代吴地天文学和星图绘制技术水平。该图总高2.45米，宽1.17米。上半部是星象图，下半部为文字说明，图文对照，相得益彰。图上绘刻有天体、地体、北极、南极、赤道、日、黄道、月、白道、银河、经星、纬星、十二次、十二分野。据统计约有1440颗星。文字共41行，每行51字，记述了当时天文学的知识。

10.《平江图》

宋代苏州称为平江府。《平江图》为宋代苏州城市地图。南宋绍定二年（1229），郡守李寿朋主持刻制于石碑上。图碑高2.84米，宽1.64米，厚0.3米。该图刻绘了宋代平江城的平面轮廓和街巷布局，详绘城墙、护城河、运河、城河以及平江府衙、吴县衙署、街坊、寺院、亭台楼塔、桥梁等各种建筑物，其中桥梁达300多座，河道20余条，庙宇、殿堂250余处。该图是中国现存最大、最完整的古代碑刻城市地图。

苏湖熟，天下足

11. 苏湖熟，天下足

谚语“苏湖熟，天下足”自南宋开始流传。苏指苏州，湖指湖州，苏湖两地均属于太湖流域水乡泽国，地势平坦，土地肥沃。南宋时期通过兴修水利，排除了严重水灾，使低田与高田尽得灌溉。加之农业生产技术先进，农民深耕细作，苏湖一带成为南宋农业高产区，农作物一年两熟，粮食生产成为全国的翘楚。

12. 石湖居士范成大

范成大，字致能，吴县（今苏州）人。官至参知政事，属南宋重臣之一。晚年归隐石湖，自号石湖居士。范成大是南宋著名诗人，与陆游、杨万里、尤袤齐名，合称“南宋四大家”。著有《石湖集》《吴船录》《吴郡志》等。

13. 禅寺园林狮子林

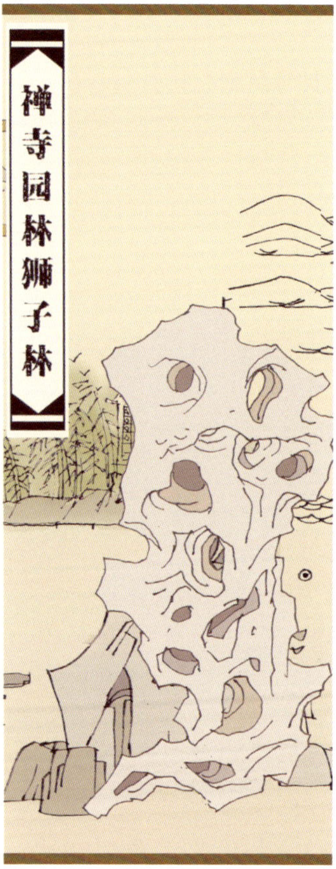

狮子林位于苏州古城东北隅。始建于元代至正二年（1342），天如禅师惟则的弟子为奉其师而造，是一座典型的禅寺园林。园内有竹万千，竹下多怪石，形状如狮子。狮子是佛国神兽，佛陀说法称“狮子吼”，其座称“狮子座”，故取名“狮子林”。

14. 山水画家黄公望

黄公望，字子久，常熟人。元代著名画家，为“元四家”之一。从家乡自然山水中撷取艺术素材，设色以浅绛色居多，水墨画极少皴纹，笔势雄浑，笔意苍远，开一代画风之先河。代表作为《富春山居图》。

隋唐宋元

公元五八九年

吴州更名苏州

姑苏诗太守
韦应物
『草圣』张旭

《枫桥夜泊》与寒山寺
刘禹锡
寒

范仲淹治苏

《天文图》
天文
沈括与《梦溪笔谈》

《平江图》

富春山居图
禅寺园林狮子林
石湖居士范咸大
山水画家黄公望

吴地文化三千年

第四篇　明清近代

第一单元　【经济繁荣】

第二单元　【文化兴盛】

第三单元　【教育兴旺】

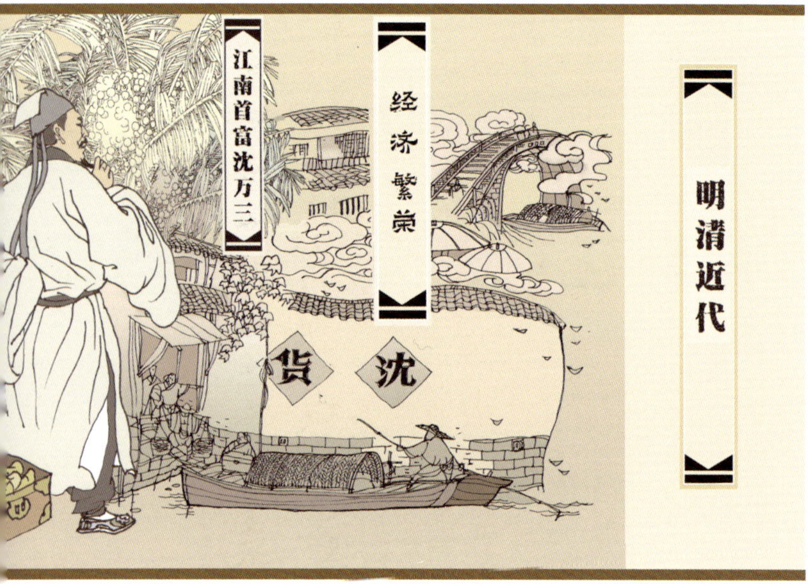

1. 江南首富沈万三

沈万三，浙江湖州南浔人，徙居吴县（今苏州）周庄，元末明初商人。具有理财天赋，扩大土地经营，有田数千顷。依周庄，凭三江之利，广集货资，进行海外贸易，尤其是粮食贸易，量大而易销，为致富捷径，逐渐富甲天下，成为江南第一富家。

2. 郑和下西洋

郑和，明朝著名航海家、外交家。自明成祖永乐三年（1405）至宣宗宣德八年（1433），二十八年间，郑和奉命率领当时世界上最庞大的船队，从太仓刘家港出发，以高超的航海技术，七下西洋，和平出使，遍访三十多个国家和地区，最远曾达非洲东岸和红海海口。郑和下西洋是明朝初年的海上远航活动，对于扩大海外国际贸易、加强中外友好往来、传播中华文明具有重要意义。

3. 况锺治苏

况锺，字伯律，号如愚，江西靖安人。明代著名清官。宣德五年（1430）以廉能擢任苏州知府。在苏州知府任上，他厉行改革，兴利除害，严惩贪吏，孜孜爱民，兴修水利，发展生产……使苏州极度衰敝的经济得到恢复与发展，维持了苏州乃至江南的稳定，留下不朽治绩，深受苏州百姓爱戴。

4. 蒯祥与香山帮

蒯祥，字廷瑞，吴县（今苏州）香山人。明代著名建筑匠师，官至工部侍郎。曾主持多项重大的皇室工程，包括北京皇宫、皇宫前三殿、北京西苑（今北海、中海、南海）殿宇等。吴中区香山一带建筑工匠以蒯祥为鼻祖，建筑技艺世代相传，被称为“香山帮”。香山帮将建筑技术与建筑艺术巧妙结合起来，以擅长复杂精细的传统建筑技艺而享誉全国，成为中国建筑营造界一个著名品牌。2009年，“苏州香山帮传统建筑营造技艺”入选世界非物质文化遗产。

5. 洞庭商帮

洞庭商帮是以苏州太湖洞庭东西山之名来命名的苏州商帮，形成于明万历年间。洞庭两山之人，善于货殖，八方四路，见缝插针，审时度势，把握时机。洞庭商人没有与徽商、晋商在盐业和典当经营上争夺市场，而是扬长避短，稳中求胜，利用家乡得天独厚的优势，因地制宜，贩运米粮和丝绸、布匹等。由于善于经营，洞庭商帮迅速成长壮大，成为全国十大商帮之一。

6. 徐扬《姑苏繁华图》

徐扬，字云亭，吴县（今苏州）人。擅画人物、山水、花鸟，长期供奉清廷画院。有感于盛世华年，故绘成《姑苏繁华图》，以赞乾隆盛世。画卷全长12.41米，画心高0.39米。长卷自苏州西部著名景点灵岩山起，由木渎东行，过上方山，渡石湖，入苏州城，经盘、胥、阊城门，穿过山塘街，至虎丘山止。布局精妙严谨，笔触细致，十分细腻地刻画出了苏州水乡的湖光山色、田园村舍、城墙城门、古渡行舟、沿河市镇、流水人家、官衙商肆，形象地反映了18世纪中叶姑苏风景秀丽、物产富饶、百业兴旺、人文荟萃的繁盛景象，具有很高的历史、文化、艺术价值。

7. 全晋会馆

明清时期，苏州商品经济发达，是全国的商业经济中心，也是长江中下游地区的航运中心。各地商贾纷纷在此建立会馆服务于在苏经商者。史载，明清两代苏州的会馆有六十余所。全晋会馆位于苏州古城平江路中张家巷。清乾隆三十年（1765），山西钱业商人创建。后毁。清光绪五年（1879），山西旅苏商人重建。重建后的会馆规模宏伟，占地六千平方米，沿街门厅三间，门前八字墙，门两侧上方各有一座鼓吹楼，门内戏楼由戏台及东西厢看楼组成。2006年，全晋会馆被批准为全国重点文物保护单位；2014年，作为中国大运河苏州段遗产点，被列入世界文化遗产名录。

8. 锦绸之地

苏州素有丝绸之府的美誉。唐宋时期，苏州是全国丝绸中心，苏产方丈绫、织锦分别被唐宋两朝列为贡品。明清两代，苏州丝织业更为发达，苏州与南京、杭州并称全国丝绸生产三大中心。苏州丝织品，织工精细，色泽艳丽，不仅风靡全国，而且远销海外。皇家高级丝绸织品也大多出自苏州织工之手。2009年，中国传统蚕桑丝织技艺“苏州宋锦”和“苏州缂丝”被列入世界非物质文化遗产名录。

治玉圣手陆子冈
工艺之都

9. 工艺之都

苏州传统工艺历史悠久，品种繁多，品质高雅，精美绝伦。苏绣、缂丝、宋锦、雕刻、泥塑、木版年画、苏扇、苏裱、苏式家具……“苏”字号的精美工艺品誉满天下、青史流芳，充分展示出苏州城市崇尚质量、追求精致品质的文化理念与特色。由于“苏作”品牌精致、精美，历来是贡品中的热门。北京故宫博物院展出的工艺品中不少标明产自苏州，成为精致苏州的实物见证。2014年12月，苏州获批加入联合国教科文组织全球创意城市网络，成为“手工艺与民间艺术之都”。

10. 治玉圣手陆子冈

自古以来，苏州手工艺品精致精巧，特色鲜明。玉雕是苏州传统手工技艺的一朵奇葩，以精琢细磨、玲珑剔透闻名于世，具有空灵、飘逸、细腻、精巧的艺术特点。陆子冈是苏州玉雕技艺的代表人物，其玉雕作品代表了明代玉雕技艺的最高水平。陆子冈从小喜爱雕刻，在苏州横塘一家玉器作坊拜师学艺，心灵手巧，天赋过人，加上勤学苦练，潜心钻研，其琢玉技艺不断提高，达到出神入化的最高境界，成为一名身怀绝技的治玉圣手。陆子冈不仅玉雕技艺高超，而且能书善画，治玉富有文韵，将印章、书法、绘画艺术融入玉雕作品中，其雕镂技艺被誉为“吴中绝技”。

11. 苏绣“针神”沈寿

沈寿，吴县（今苏州）人。清末民初名扬世界的苏绣大师，有“针神”之誉。光绪三十年（1904），逢慈禧太后七十寿辰，沈寿刺绣的《八仙上寿图》赢得慈禧太后欢心，慈禧写下“福”“寿”二字赠赐沈寿夫妇作为奖赏。沈寿原名云芝，自此改名为“寿”。她对苏绣的杰出贡献主要在于她以慧智灵心吸收了西洋绘画的技巧，将光线的明暗变化吸收入刺绣，创造了“仿真绣”，这是刺绣史上的一大改革。代表作《耶稣像》荣获1915年美国旧金山“巴拿马太平洋万国博览会”一等奖。

12. 园林之城

苏州是一座园林之城。苏州园林历史悠久，始于春秋，兴于晋唐，盛于明清。史载，明代苏州有园林271处，清代有130处。吴江人计成是明末著名造园家，所著《园冶》是中国最早、最系统的园林艺术专著，也是世界造园学最早的名著。苏州园林亭台楼阁、假山水木，小巧玲珑、风景秀美，集中代表了江南园林建筑的精华，被誉为“咫尺之内再造乾坤”。其精雕细琢的设计，折射出中国文化中取法自然而又超越自然的深邃意境，渗透着历代文人的美学思想与审美情趣，集中展现了吴地文化精致典雅的特征。1997年，拙政园、留园、网师园、环秀山庄获批列入世界文化遗产名录；2000年，沧浪亭、狮子林、艺圃、耦园、退思园增补列入世界文化遗产名录。

13. “吴中四杰”

元末明初，吴中多诗人，形成以苏州为中心的具有鲜明地域特色的“吴中诗派”。其中，高启、杨基、张羽和徐贲并称为“吴中四杰”，称誉全国，与“初唐四杰”王勃、杨炯、卢照邻、骆宾王相匹配。

14. 文章大家王鏊

王鏊，字济之，吴县（今苏州）洞庭东山人。明代名臣、文学家。成化十年（1474）乡试考中解元，成化十一年（1475）会试又取得会元，廷试获得探花，授翰林院编修，一时盛名天下。官至武英殿大学士。卒赠太傅，谥文恪。王鏊博学有识鉴，经学通明，文章典雅，议论明畅，颇有唐宋遗风，为一代文章大家。编有《姑苏志》，著有《震泽集》等。

15. 吴门书画

吴门书派是指明朝中期活跃于苏州的书法流派，其核心人物是祝允明、文徵明、王宠，史称“吴门三家”。

吴门画派形成于明代中叶以苏州为中心的地域，继承唐代王维以来南派文人画的优秀传统，并发扬光大，有所创新。吴门画派的形成标志着吴门绘画达到巅峰水平，标志着文人画走向极盛。吴门画派以沈周、文徵明、唐寅、仇英四人为代表，史称“吴门四家”或“明四家”。

16. 吴门画派鼻祖沈周

沈周，字启南，号石田，长洲（今苏州）人。工于画，擅画山水、人物、花鸟，以山水画最负盛名。与文徵明、唐寅、仇英合称“吴门四家”，为吴门画派领袖人物，在画史上影响深远。代表作有《庐山高图》《牡丹图》等。

17. 一代宗师文徵明

文徵明，字徵明，长洲（今苏州）人。善诗文书画，是明代中期著名的画家、书法家、文学家。绘画上，与沈周、唐寅、仇英合称“吴门四家”；书法上，与祝允明、王宠并称“吴门三家”；诗文上，与祝允明、唐寅、徐祯卿并称“吴中四才子”。文徵明德高艺博，加之九十高寿，因此成为吴门书画的关键人物，实际主持吴门书画、文坛三十余年。晚年声望更高，史称“文笔遍天下”，所培养的子孙、门生众多，成为一代宗师。

吴门才子祝允明
唐伯虎
『江南第一风流才子』

18. “江南第一风流才子”唐寅

唐寅，字伯虎，号六如居士、桃花庵主等，吴县（今苏州）人。弘治十一年（1498）乡试第一，故又称唐解元。他曾自刻一枚“江南第一风流才子”的印章，所自恃的“风流”，实为诗酒风流、多才多艺之意。能诗善画，兼善书法。在绘画方面，擅画山水、人物、花鸟，尤擅仕女画，工笔、写意俱佳，与沈周、文徵明、仇英合称“吴门四家”。诗文方面与祝允明、文徵明、徐祯卿并称“吴中四才子”，诗词文赋别具一格，洒脱自然，个性鲜明，有着较高的艺术成就。

19. 吴门才子祝允明

祝允明，字希哲，号枝山，长洲（今苏州）人。工诗文，善书法。书学理论密切结合书法实践，将学古与创新相结合，在深厚的书学传统基础上，富有个人特色，领一代风骚，是吴门书派领袖人物，与文徵明、王宠并称明中期“吴门三家”。他才气横溢，才智过人，与唐寅、文徵明、徐祯卿并称“吴中四才子”。

20. 吴中诗冠徐祯卿

徐祯卿，字昌谷，又字昌国，吴县（今苏州）人。明代文学家。与唐寅、祝允明、文徵明并称“吴中四才子”。尤工诗，因“文章江左家家玉，烟月扬州树树花”之绝句而为人所称誉。其诗格调高雅，时为吴中诗人之冠。所著诗论名作《谈艺录》，主张因情立格，深情高韵，影响深远。

21. 古文名家归有光

归有光，字熙甫、开甫，别号震川，昆山人。曾官南京太仆寺丞。工于散文，为有明一代散文大家。归有光提倡唐宋古文，被称为文学“唐宋派”。其散文朴素简洁，善于叙事，写生活琐细之事，抒真挚动人之情，很有艺术感染力。

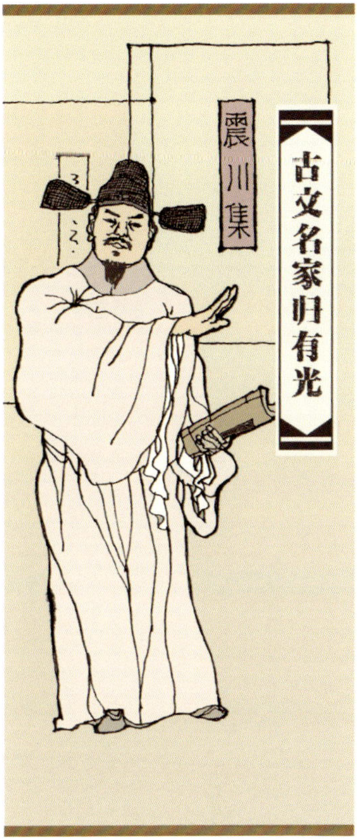

22. 文坛领袖王世贞

王世贞，字元美，号凤洲，太仓人。官至南京刑部尚书。生有异禀，书过目，终生不忘。学问渊博，才情富健，好为诗文，文坛称领袖，主持文坛达二十年之久。王世贞也是明代国史大家、藏书家，著述宏富。

23. 通俗文学家冯梦龙

冯梦龙，字犹龙，长洲（今苏州）人。文思敏锐，诗文藻丽，大力提倡通俗文学，奠定其在中国文学史上的地位。代表作有《喻世明言》《警世通言》《醒世恒言》等。“三言”每部四十篇，总共一百二十篇白话短篇小说。“三言”编撰后，当地书商立刻争相刻印，成为经久不衰的畅销书。

24.“百戏之祖”昆曲

昆曲是中国较早成熟的戏剧形式，是发源于元末明初苏州昆山的曲唱艺术。昆曲具有完整的表演体系，糅合唱念做表、舞蹈等表演艺术，典雅婉转，细腻悠扬，在我国文学、戏曲、音乐、舞蹈史上有着重要地位。昆曲对中国数以百计的地方戏曲产生了深远影响，被誉为“百戏之祖”。2001年，昆曲被列入世界非物质文化遗产名录。

25. 苏州评弹

苏州评弹是用吴语讲故事的说唱艺术，形成于明末清初苏州一带，是评话和弹词两种曲艺形式的合称。乾隆年间，苏州评弹得到长足发展。相传乾隆皇帝下江南驻跸苏州时，偶尔听到评弹艺人王周士说书很精彩，龙颜大悦，赐其七品冠带。苏州评弹因为独具一格的优美说唱艺术而赢得人们的喜爱，被誉为“中国最美的声音”，2006年被列入第一批国家级非物质文化遗产名录。

26. 吴门医派

苏州历代名医辈出，有记录的名医达千余家。以儒医、御医、世医居多，善于总结前人经验和个人行医心得，学术成就独树一帜，形成颇具特色的吴门医派。苏州是温病学派的发源地。清初，吴中名医叶天士《温热论》的问世，更确立了以苏州为中心的温病学派的学术地位，由此形成“吴中多名医，吴医多著述，温病学说倡自吴医”的三大特点。吴门医派因此成为我国中医学中一个重要的流派。

27. 清学开山之祖顾炎武

顾炎武，字宁人，昆山人。明末清初著名的经学家、思想家，有“清学开山”之誉，与黄宗羲、王夫之并称清初三大儒。顾炎武提倡“引古筹今”，经世致用，使理学回到“国家治乱之源，生民根本之计”的“实学”中来，从而开辟了清代两百余年学术研究之先河。顾炎武提出的“天下兴亡，匹夫有责”这一口号，意义重大，影响深远，成为激励中华民族努力奋进的精神力量。

28. 钱谦益与虞山诗派

钱谦益，字受之，号牧斋，常熟人。明末清初著名诗人。因政治上屡经沉浮，故早期诗歌中流露忧国忧民的思想，晚年诗作则多亡国之臣怀念故朝之音。虞山诗派是明末清初以常熟虞山命名的东南诗坛重要流派，以钱谦益为诗派领袖和核心，主要成员多是钱谦益的门人和族人。虞山诗派最大的特点是学古而不拟古，积极主张诗歌革新并能取诸家之长而自成风格，对东南诗坛的繁荣做出一定贡献。

29. 吴伟业与娄东诗派

吴伟业，字骏公，号梅村，太仓人。明末清初诗坛名家。诗歌多伤世感慨之作，有强烈的时代特质。其七言歌行，以史实入诗，尤其描摹明末清初社会众生相，聚焦重大政治历史事件，刻画人民的苦难和政治的严酷。文辞清丽含蓄，又爽洁明快，时人称之为“梅村体”，影响深远。娄东诗派是明末清初活跃在太仓一带的文学流派。以吴伟业为领袖，创作多遵从“梅村体”，描绘明清之际社会变动中各层人物的情态，讲究格律，音节调谐，注重用典，语言华美秀雅，风格沉郁苍凉。

30. 评点大师金圣叹

金圣叹，字若采，吴县（今苏州）人。明末清初著名的文学批评家、小说评点大师，被誉为文坛奇才。封建朝廷和保守人士把《水浒》《西厢记》视为败坏风俗、蛊惑人心的坏书，严加禁止。金圣叹却认为这两本书可以与《离骚》《庄子》《史记》、杜甫诗集相提并论，并将以上六书称为“六才子书”。他通过评点《水浒》《西厢记》等书，提高了小说和戏剧的文学地位，扩大了社会影响，从而使小说和戏剧拥有更广泛的群众基础。

31. 顾文彬与过云楼

顾文彬，字蔚如，号子山，元和（今苏州）人。清代诗人，著名收藏家。道光进士，官至浙江宁绍道台。自幼喜爱书画，娴于诗词，尤以词名。其词多抒写离愁别绪，意境清幽，风格细密。酷爱收藏，精于鉴别书画。苏州有“江南收藏甲天下，过云楼收藏甲江南”之说。过云楼由顾文彬及其子顾廷烈建于清同治年间，以收藏名贵书画和古籍著称，享有“江南第一家”的美誉。

32. 晚清经学大师俞樾

俞樾，字荫甫，晚号曲园，浙江德清人。道光进士，官翰林院编修。中年移居苏州，在马医科构筑寓所，名“曲园”。曲园虽小却有亭台楼阁、山水花木，且曲折回环、曲径通幽。俞樾为晚清著名学者、文学家、经学家、古文字学家、书法家，潜心学术四十余载，海内外向他求学者甚众，被尊为朴学大师。学生章太炎称他为清儒中的第一流大师，从晚清到民国，凡治经史者无不奉他为宗师。一生著述宏富，有《春在堂全书》。

33. 冯桂芬与《校邠庐抗议》

冯桂芬，字林一，号景亭，吴县（今苏州）人。道光二十年（1840）榜眼，授翰林院编修。晚清思想家、散文家。曾师从林则徐。重视经世致用之学，对清朝的腐朽统治有所不满，多次建议改革时政。咸丰年间撰写著名的政论文集《校邠庐抗议》，主张博采西学，对吏治、田赋、户口、水利、农桑、盐政、关税、教育等一系列国计民生问题进言献策。冯桂芬上承林则徐、魏源等儒家经世致用思想，下开维新变法之先河，是晚清近代承前启后的著名思想家。

34. 近代著名思想家王韬

王韬，字仲弢，吴县（今苏州）人。近代著名思想家、政论家、报人。道光二十九年（1849），应英国传教士麦都士之邀，到上海英国教会办的墨海书馆任职。后游历英、法等国，熟谙多国情况。同治十三年（1874）在香港创办中国新闻史上第一份以政论著称的报刊《循环日报》，评论时政，主张维新自强，成为我国新闻史上第一位报刊政论家。王韬一生在哲学、教育、新闻、史学、文学等许多领域均有杰出成就，提出变法自强、君民共主、实业强国等思想，颇具影响力。

35. 两朝帝师翁同龢

翁同龢，字声甫，号叔平，常熟人。晚清政治家、书法家。咸丰六年（1856），二十六岁高中状元。学问渊博，历任刑部、工部、户部尚书，协办大学士，总理各国事务衙门大臣，是同治、光绪两朝帝师。翁同龢还是晚清颇具影响的书法家，书法遒劲，独具个性，成为同光时期书法家第一。

36. 南社

南社是一个曾在中国近现代史上产生过重要影响的革命文学团体。宣统元年（1909）成立于苏州虎丘，发起人是陈去病、高旭、柳亚子等。取名“南社”，意谓“操南音不忘本”，亦表示反清革命。南社文学以诗歌为主，社员借吟诗作文，鼓吹民主革命，提倡爱国主义，抨击清王朝的统治，为辛亥革命做舆论准备。

37. 曾朴与《孽海花》

曾朴，字孟朴，常熟人。清末民初小说家、出版家。曾朴一生著作丰富，而以小说《孽海花》最为著名。小说主要以状元金雯青与妓女傅彩云这一对男女主人公的婚姻故事为线索，展示自同治初到甲午战败这三十余年间洋务思潮向维新思潮和革命思潮变动的历史过程，为中华民族在灾难深重的年代里由旧到新的大转折留下了一份真实的艺术记录，为晚清四大谴责小说之一。

38. 状元之乡

自隋唐科举制度建立后，苏州在科考史上有着不可替代的地位。唐代，苏州归氏家族36年间，祖孙、父子、兄弟先后考中状元共有5名，享有“天下状元第一家”的美誉。明清时期，苏州崇文好学之风日趋浓厚，文教兴旺，状元辈出，被誉为“状元之乡”。以清代为例，全国共录取文状元114名，苏州一地考中26名，约占全国总数23%，占江苏全省总数53%，排名全国第一。

39. 三元坊纪念钱棨

钱棨，字振威，号湘舲，长洲（今苏州）人。官至内阁学士兼礼部侍郎。家学渊源，自小刻苦读书，专心于举业。乾隆四十四年（1779），乡试考中解元；乾隆四十六年（1781）进京会试，中会元；同年殿试摘得桂冠，成为清代第一位连中三元的状元，一时轰动朝野。乾隆皇帝也认为这是太平盛世的大喜事，特制御诗《三元诗》予以褒扬。苏州地方官特在府学东侧建立“三元坊”。今人民路仍存有这一地名。

紫阳书院

40. 紫阳书院

书院为中国古代特有的一种教育形式。以弘扬儒学传统、研究探讨学术、培育人才为主要目的，通过讲会论辩、祭祀先贤等形式，培育众多优秀人才，成为官学的有效补充。紫阳书院建于清康熙五十二年（1713），位于苏州府学内尊经阁后，由巡抚张伯行创建，奉祀朱熹。因朱熹号紫阳，故取名紫阳书院。紫阳书院主要传授朱子之道，强化道德修养，探求儒家义理，学习辞章知识，提高士子的文化素质。书院的规章制度、课程设置也较为详尽。创办之日，康熙皇帝书写“学道还淳”额以赐。苏州紫阳书院与南京钟山书院、杭州敷文书院合称为“江南三大书院”。

41. 新式学堂

中日甲午战争失败后，为救亡图存，维新变法激起浪涛，风气新变，教育体制的改革成为大势所趋。光绪三十一年（1905），清廷下诏废止科举，饬令各地广设学校。全国兴起创办新式学堂的热潮。历来重视教育的苏州成为创办新式学堂的急先锋，出现了政府提倡、官吏督促、士绅热心的局面。苏州的教育工作进入一个新纪元。

东吴大学堂：光绪二十二年（1896），美籍监理会传教士孙乐文在苏州宫巷创办中西书院。后中西书院迁至天赐庄博习书院旧址，称为东吴书院。光绪二十七年（1901），以孙乐文为首任校长的东吴大学堂正式开办，成为美国基督教在中国建立的早期教会大学之一。今苏州大学的前身为东吴大学。

官立中等工业学堂：建于宣统三年（1911），1912年更名为江苏省立第二工业学校，1923年升格为江苏公立苏州工业专门学校，1958年定名为苏州工业专科学校——此乃苏州市职业大学前身。

明清近代

经济繁荣

江南首富沈万三

郑和下西洋

况锺治苏

洞庭商帮

徐扬《姑苏繁华图》

锦绸之地
乾
秦
祥
全晋会馆

神绣
治玉圣手陆子冈
工艺之都

园林之城
园冶
拙政园
苏绣『针神』沈寿

文化兴盛
『吴中四杰』
张羽
杨基
高启
徐贲
王鏊《姑苏志》

一代宗师文徵明
吴门画派鼻祖沈周
吴门书画

古文名家归有光
吴中诗冠徐祯卿
吴门才子祝允明
唐伯虎
『江南第一风流才子』

通俗文学家冯梦龙
文坛领袖王世贞

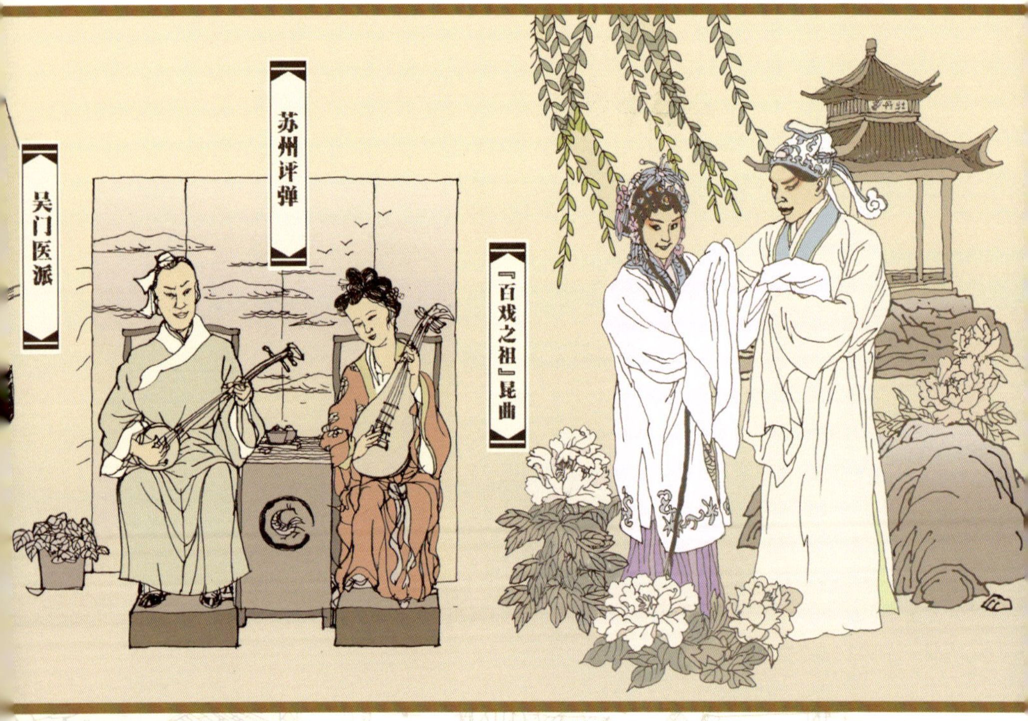
吴门医派
苏州评弹
『百戏之祖』昆曲

钱谦益与虞山诗派
清学开山之祖顾炎武
匹夫有责
天下兴亡

评点大师金圣叹
吴伟业与娄东诗派

春在堂
晚清经学大师俞樾
顾文彬与过云楼

近代著名思想家王韬
冯桂芬与《校邠庐抗议》

叶楚伧
陈去病
柳亚子
高旭
南社

三元坊
纪念
钱棨
连中
状元之乡
教育兴旺
曾朴与《孽海花》

紫阳书院
钱棨

東吳大學
新式学堂

1911年
官立中等工業學堂

尾声：吴文化的当代传承

苏州精神：崇文睿智，开放包容，争先创优，和谐致远。

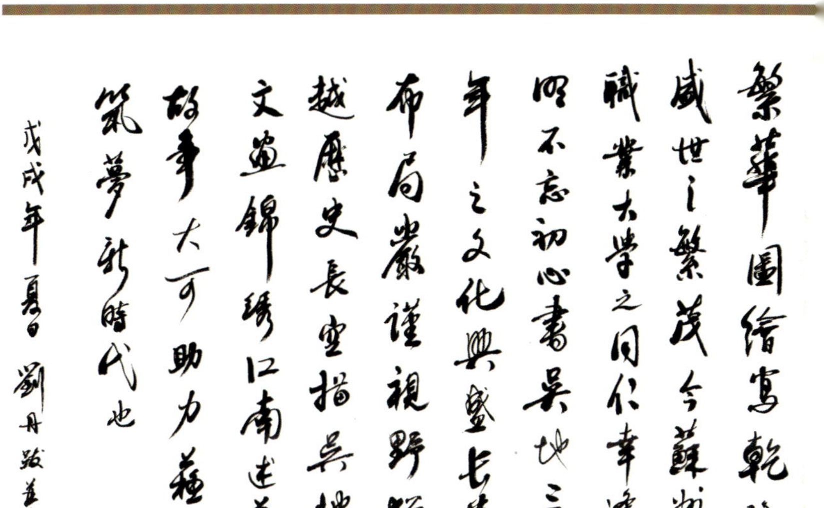
繁華圖繪寫乾隆
盛世之繁茂今蘇州市
職業大學之同仁幸逢昌
明不忘初心書吳地三千
年之文化興盛長卷
布局嚴謹視野獨特
越歷史長空描吳地人
文盛錦繡江南述蘇州
故事大可助力蘇州
筑夢新時代也
戊戌年夏日 劉丹跋並書

参考文献

1. “二十四史”，中华书局2000年版。

2. 石琪：《吴文化与苏州》，同济大学出版社1992年版。

3. 吴恩培：《吴文化概论》，东南大学出版社2006年版。

4. 王国平：《苏州史纲》，古吴轩出版社2009年版。

5. 孙中旺：《千秋风范·五百名贤祠人物录》，古吴轩出版社2007年版。

6. 苏简亚：《苏州文化概论：吴文化在苏州的传承和发展》，江苏教育出版社2008年版。

7. 徐静：《苏州文化读本》，古吴轩出版社2014年版。

后　记

幽香袭人，窗外的桂花又一次悄悄绽放，沁人心脾。

苏州古称吴，是吴文化的发源地，也是吴文化的研究中心。关于吴文化的书籍很多，关于吴地的绘画也不少，而以精练文字+精美图画来展示三千年吴地文化精髓，《图说吴地文化三千年》是第一本，可谓填补空白，具有原创意义。

《图说吴地文化三千年》（以下简称《图说》）缘于苏州市职业大学2017年吴文化园四期建设项目。苏州市职业大学吴文化园是国家级普通高校大学生文化素质教育基地，是苏州市社科普及示范基地，需要不断创新吴文化传承教育模式。园内原有的七大板块各自展示了吴地文化不同门类的特色风貌。新建的四期项目是一幅手绘彩图长卷《吴地文化三千年》，置于最后一个参观景点，意在总结提炼，与各个板块互为补充，进一步阐释吴文化优秀传统的精神内涵与时代价值；而且，长卷具有吴门画派格调，形象生动，精致古雅，给人审美享受。

笔者冀望此幅原创手绘彩图长卷《吴地文化三千年》能被更多的读者欣赏，于是，便有了《图说》这本图画书。

有人说，当下正处于读图时代。没错，图画直观、形象，能简洁地表现对象，能把复杂的内容情景化，能让人用较短的时间了解信息，能满足人们在快节奏的生活中对于知识的需求。更何况，图画本身具有艺术美感，精心设计的颇具吴门画派特色的精美绘画，古色古香，更能吸引眼球，引人入胜。

实话说，传统文化是人类文明璀璨丰富的宝库，不过，有时候却是若即若离、若隐若现，因此，用图画的艺术形式来形象地展示不啻为一种很好的创意。《图说》根植吴文化传统，创新表达形式，将精练文字和精美图画紧密结合，图文并茂，雅俗共赏，让读者特别是年轻朋友对优秀传统文化有更直观的认知，感知吴地文化的特色与魅力。

《图说》向读者展开一幅自商末至今吴地文化三千年的历史长卷。三千年漫漫历史，吴地文化何其丰富！如何在一幅长卷中全方位展示吴地从古至今所创造的物质文明和精神文明的主要成果？长卷的构思布局颇费心思。

《图说》打开尘封的历史，对吴地文化进行系统的思考梳理，以时间为轴，长卷精心设置了春秋战国、秦汉六朝、隋唐宋元、明清近代四大篇章，紧扣吴地文化的精华和亮点，突出经典人物以及相关的重大事件、文献名著、古迹名胜，概括了吴地文化三千年的历史进程，展示了吴地政治、经济、教育、科技、学术、文学、戏曲、书画、工艺等物质文化和精神文化诸多内容。

历史文化是人创造的。《图说》以典范人物为主干，生动展示出吴文化优秀传统所具有的深刻内涵，诸如吴国始祖泰伯谦让天下的至德境界和创建吴国、开发江南的创业功德，吴王寿梦的强国梦想与振兴吴国的开放战略，吴王阖闾重用人才而成就的“春秋霸业”，伍子胥建筑阖闾大城的科学思想，孙武所著《孙子兵法》的谋略哲学，干将铸剑精益求精的工匠精神，“南方夫子”言偃的教育拓荒，范仲淹“先忧后乐”的高尚品德，顾炎武“天下兴亡，匹夫有责”的爱国情怀……读者能够穿越时空，与历史对话，与古贤握手，真切感受到吴地文化的博大精深和历史长河的波澜壮阔，深切感受到吴地先贤的雄才伟略和奋发有为，满满的正能量。

《图说》重点展示的是苏州名人名作、名胜古迹。春秋时期，苏州是吴国的都城。源于泰伯所建吴国之“吴”字，不仅成为江南地区吴文化的代号，同时也是苏州古城的代称。虽然，隋朝平定江南后，改吴州为苏州。不过，在历代文献、文人诗词以及民间口口相传中，依然习惯以“吴”或带有“吴”字的名称代指苏州，比如吴郡、吴州、吴都、吴门、吴中、吴阊、吴下、吴趋、吴苑、东吴等。明代，以高启为首的、具有鲜明苏州地域特色的诗歌流派被称为“吴中诗派”，以沈周、文徵明、唐寅、仇英等苏州画家为代表的绘画流派被称为“吴门画派”，以祝允明、文徵明、王宠等苏州书法家为核心人物的书法流派被称为“吴门书派”……苏州是历史形成的吴地核心区域，向来是吴文化高地。因此，本书的“吴地”主要指苏州，突出展示以苏州为中心的吴文化之独特性，展现出开放包容、开拓创新的文化态度，崇文重教、睿智灵动的文化特征，秀美柔和、精致典雅的文化特色，刻画出锦绣之地、工艺之都、文物之邦、状元之乡、园林之城的繁华景象。

长卷的跋文由本校党委副书记、副校长刘丹先生撰稿并书写，可谓画龙点睛、深化主题。引文如下，供欣赏：

昔吴人徐扬作《姑苏繁华图》绘写乾隆盛世之繁茂，今苏州市职业大学之同仁幸逢昌明不忘初心，书吴地三千年之文化兴盛。长卷布局严谨，视野独特，越历史长空，描吴地人文，画锦绣江南，述苏州故事，大可助力苏州筑梦新时代也。

长卷的创作和《图说》的编撰，凝聚了许多人的智慧和心血。感谢学校领导的大力支持；感谢邱中巍、马路两位画师的悉心绘画，五易其稿反复修改，精益求精追求完美；感谢朱树民先生挥毫泼墨题写画名；感谢刘丹先生精心书写画跋；感谢校党委书记钮雪林先生在百忙之中为本书撰写序言；感谢古吴轩出版社尤其是副总编洪芳与美编杨洁为本书的编辑出版所付出的辛劳。

真心说，这是一本荟萃吴地文化精华的普及读物。开卷有益，掩卷有得。阅读《图说》，可欣赏经典的吴地文化，可感知吴文化最“硬核”的魅力，可得到吴风雅韵的熏陶，享受审美乐趣。

清香袭来，也是醉了。

徐　静

二〇一八年深秋时节

于苏州石湖之畔静斋